सफरनामा

सूफियाना शायरी

जयंत कानगुडे

यह सफ़रनामा समर्पित है –
उन अनकहे लम्हों को,
जो दिल में बसते रहे,
और उन अपनों को,
जिन्होंने हर मोड़ पर मेरा साथ निभाया।

मेरे जीवन की राहों के सभी हमसफ़रों को सादर नमन।

क्रम-सूची

क्रम-सूची

क्रम-सूची

प्रस्तावना

सफरनामा शायरी का एक दस्तावेज जो मेरी उम्र के साथ सोच और सच्चाई को बयाँ करता हुवा बचपन के पल और उम्र के साथ सोच में बदलाव और आशकी से सूफियाना तक का सफर बयां करता है| इस सफर को मैंने कुछ नज़्मों-ग़ज़लों में समेटने की कोशिश की है| उम्मीद है पसंद आएगी| न भी आये तो गुजारिश है की आप सभी बर्दाश्त करेंगे |

सफर अभी जारी है और आगे भी आप से मुखातिब होने के मौके मिलेंगे |

इसी उम्मीद के साथ "सफरनामा" पेशे खिदमत है |

कौन जाने कौन कब हमसे बिछड़ जाये
और बिछड़ा यार कब वापस मिलने आये
न बिछड़ने का कोई ग़म कर कभी प्यारे
वापस मिले खुशियों का खजाना साथ लाये

भूमिका

सफ़रनामा केवल कविताओं का संग्रह नहीं,

बल्कि एक जीवनयात्रा की गूंज है –

वो लम्हे जो बीतते गए,

वो रिश्ते जो बनते-बिगड़ते रहे,

और वो भावनाएँ जो कभी कही न जा सकीं।

　इन पंक्तियों में छिपे हैं जीवन के छोटे-छोटे अनुभव,

कुछ मीठे, कुछ कड़वे –

जो मेरे 78 वर्षों के सफ़र की धड़कन बन गए।

पावती (स्वीकृति)

इस संग्रह की यात्रा अकेले तय नहीं हुई।
मैं हृदय से आभार व्यक्त करता हूँ उन सभी लोगों का
जिन्होंने शब्दों को संजोने, सँवारने और सहेजने में मेरा साथ
दिया।
     परिवार, मित्रों, पाठकों और मेरे जीवन के हर उस अनुभव का
जिन्होंने मेरी लेखनी को संवेदना दी –
आप सबका स्नेह ही मेरी सबसे बड़ी प्रेरणा रहा है।

1. जिंदगी

जिंदगी गर ग़म का दरिया है
कभी डूबना है कभी तैरना है
न बहारों का न फ़िज़ाओं का
न सिर्फ गुलों का खजाना है
चमकता है सितारे आसमां में
उन्हें भी रात हमको सताना है
कभी सोचा नहीं ये दिन भी होंगे
जिंदगी को हमें यूँ आजमाना है
कोई अपना नहीं पराया नहीं
ये ही जिंदगी का फ़साना है
अदा करना है अपना किरदार
नाटक है तो पर्दा भी गिरना है

2. पहचान

बात सलीके की हो तो जरूरत है जुबान की
कोई कहता है कहने की सबब है नादान की
आओ बैठो नशेमन में जाम भर के उठाओ
जाने कब आएगी बारी किसी अनजान की
कौन देखेगा तुझे यार इस दौरे नाशाद में
सबको जरूरत पड़ती है किसी पहचान की
इक दरिया है बहता है समंदर में मिलने को
जीते रहना ही जरूरत भर नहीं खानदान की
बहार आती है रंग बरसते है गुल खिलते है
आखरी मंज़िल इन फूलों को गुलदान की

3. किस्मत

जुलेखा हो या ज़ेबुन्निसा शीरी हो या लैला
जिसने चाहा उसने देखा
अकेले हो या मेला
अनार काली हो या मेहरुन्नीसा
सबका अपना ग़म है
कोई नहीं अकेला
मुमताज़ महल या जहाँ आरा
किसीको ताजमहल
किसीको कैद-ए-लालकिला
रज़िया सुलतान हो या क्लियोपैट्रा
कौन खुश था
रहकर अकेला
जूलिएट हो या संयोगिता
सबकी अपनी किस्मत
अपना अपना झमेला
मस्तानी हो या पद्मिनी
किसीको मुश्किल में जीना
किसीने आग से खेला

4. इश्क सूफियाना

पूछते है हमसे इश्क़ किससे करते है
हम क्या बताये इश्क़ किससे करते है
क्या है जीससे हमे इश्क़ न हो जाए
कोई चाहे न चाहे हम ज़माने से करते है
जमीं से आसमां से समंदर से सेहरा से
कोई शेय नहीं बाकी जिससे करते है
हम तो आशिक़ है हस्ती बनाने वाले के
नज़र आता है ज़र्रे में वही उससे करते है
तुमने चाहा न चाहा कोई ग़म नहीं
तुम सामने हो न हो तुमसे भी करते है

5. आरज़ू

सुबह मैंने देखि एक मुस्कुराती हुई कली
जैसे कोई जुलेखा इतराती हुई चली
भरी महफ़िल में मेजबानी पकवानो की
और नजर ललचाये देख मिश्री की डली
घूम आये शहर भर न जाने किस खोज में
समझ आया जो गुजरे मेहबूब की गली
हज़ारों ख्वाइशे ग़ालिब की रही होंगी
हमारे दिल में बस एक ही आरज़ु पली
वो मुस्कुराएं तो फूल बरसते हों जैसे
उसका तारुफ़ मानो रोमियो की जूली

6. तेरे जलवे

मैं सुबह लिखता हूँ तो श्याम होती है
मैं परदे में लिखता हूँ सरे आम होती है
मैं जिधर भी देखता हूँ तुहि नज़र आये
तेरी दुनिया है क्या यूंही बेनाम होती है
तेरे जलवे तेरे रुतबे तेरा नूर बरसे है
दुनिया तेरेबिन बेनूर ओ बेकाम होती है
तुझे जो जान ले उसका जीना असल
तुझे जानने की कोशिश सरेआम होती है
तुझे मूरत बना कर पूजा जाता है
उसी मूरत पे दौलत चढ़ती गुमनाम होती है

7. तलाश

न मारो तीर नज़रों के न खंजर-ओ-तेग लहराए
तुझे देखते है तुझमें परवरदिगार नज़र आये
कतरा कतरा जोड़ कर ज़िन्दगी समंदर नहीं होती
आंसुओ को छुपा ले लबों पे मुस्कान नज़र आये
बहारे आती जाती है मौसम बदलते है
तलाश जारी रहे जबतक मंज़िल न नज़र आये
ज़ुबां खामोश नज़र में बेखयाली क्या कहने
कोई बतलाये कैसे इस रात की सेहर आये
गो मयकदा बर्बाद और सगरो-मीणा खाली हो
नशे में खुदबखुद हर फर्द जो तेरी नजरों से पीजाये

8. चाहत

चाहतों के बीज बो कर उम्मीदों की फसल आये
आहटों की सोच लेकर इन्तजार ही असल आये
लगता नहीं ये दिल कहीं कोई इसे कुछ काम दे
बहल जाए पल दो पल कोई ऐसी ग़ज़ल गाये
तुझ तक पहुँचने की कोई तो सूरत होगी
जहाँ न ग़म हो न कोई ख़ुशी ऐसी मज़ल आये
कोई आये आकर कोई राह दिखाए
मंज़िल सामने हो और शाम-ए-वस्ल आये
जो आये और आकर कभी वापस न जाए
दिले नादाँ को ग़ालिब का कोई मसल आये
तू रहता है बन्दों के जहन में जानता हूँ लेकिन
तेरी बंदिश करूँ कैसे कुछ हमशकल आये

9. ख़्वाहिश

हमें न दरों-दीवार चाहिए
हमें न लबों-इक़रार चाहिए
हमें तो यार से इश्क़ करना है
वोही आलमे दरकार चाहीये
मस्जिदों-बुतखानों में मिलता नहीं
उसका बन्दों में दीदार चाहिए
उम्र गुजर जाये किसे परवाह
वो चारागर हम बीमार चाहिए
ये चाहत कभी पूरी न हो
बस यही दुआ सरकार चाहिए

10. किरदार

किसी भी हाथ में खंजर न होंगे
तुम्हारे शहर में ये मंजर न होंगे
वो किस किरदार में मिलजाए
न बाहर कहीं तो अंदर न होंगे
हमें तो उसकी राह जाना है
जहाँ न कोई रहगुजर न होंगे
किसी रुखसार में नूर कोई
अँधेरी राह औ दरबदर न होंगे
खुदाया तुझतक पहुँचने को
कश्ती न हो तो समंदर न होंगे

11. इतना तो करो

कुछ दर्द का सामां करो
कुछ अश्कों का अरमां करो
इतना तो दिले नादाँ करो
नग्मों में भरलो उदासी
जख्मों को ताजा करो
इतना तो हमसे वादा करो
ख़ामोशी का अपना फ़साना
दो घडी बैठ कर बयां करो
इतना तो जालिम अदा करो
गुजरें नहीं इक अरसे से
भूल गए वो रहगुजर भी
इतना तो हुज़ूर बेपर्दा करो
कौनसे जन्नत के ख़ज़ाने
कैसी दौलत औ आबो दाने
इतना कोई हक़ ज़दा करो

12. जो तुम मुस्कुरा दो

ये मौसम शराबी सा
हवा नशे में बहकी सी
फ़िज़ा की रंगत बड़ा जाये
जो तुम मुस्कुरा दो
ये जलवे जमालों के
रंगत लबों पे दहकते शोलों की
रुखसार नूर बरसाए
जो तुम मुस्कुरा दो
ये मेले त्योहारों के
नग्मे ढोल और ताशे
भीड़ बाज़ारों में रौनक क़यामत की
जो तुम मुस्कुरा दो
ये परबत और सेहरा
ज़मीं पर सब्जे गलीचों से
दरिया और समंदर रवानी लहरों की
जो तुम मुस्कुरा दो
वो फ़साने आशिकों के
कोई गा गा के सुनाये
कभी अपना भी शामिल हो जाए
जो तुम मुस्कुरा दो

13. वो शजर

मेरे आंगन में जो शजर है
मेरे बचपन का हमनज़र है
हर शै की गवाही देता
वो मेरी उम्र का हमसफ़र है
कितने घोंसले बने परिंदो के
राते बेखौफ नींदे इसीपर है
मेरे दादा ने इसे पला था
सोचता होगा वो किधर है
किसी फल की नहीं चाह की
छाँव में बैठा हर रहगुजर है
अबतो पहचान है ये मेरी
जिस आंगन में वो शजर है

14. सफर

तुम्हारे सुर और हमारे नगमे मिलेंगे दोनों धमाल होगी
सुर्ख़ाब के पर लगाके इकदिन उड़ेंगे दोनों कमाल होगी
है कोनसी रहगुजर न जाने चले जा रहे बेखबर से दोनों
कहाँ है मंज़िल कहाँ है रुकना किसे पता किसहाल होगी
इस दौरे सफर का कोई तो अंजाम आखिर लिखा हो
कहीं तो कोई पुकार ले और हमारी जिंदगी निहाल होगी
कभी करिश्मा कहीं तो होगा कहीं तो कोई ठहराव हो
तुम्हारा साथ औ हमारी ज़िद दोनों अदा बेमिसाल होगी
न तुम थकोगे न हम हार माने लड़ते रहना है उम्र भर तो
अपनी कहानी भी कैस-ओ-फरहाद सी फिलहाल होगी

15. लम्हा

इक लम्हा ज़िंदगीमें ऐसा भी आता है
ग़मो-ख़ुशी के वजूद से जी भर जाता है
जहाँ जहाँ से गुजरके कहाँ कहाँ न जाने
किस किस की याद् कब भुला पाता है
वो लम्हा मीठा ना नमकीन ना हसीन
जैसे कोई बनजारा इकतारा बजाता है
मेहफ़ूज़ सा जूं सीपी में छुपा मोती
बेशकीमती कोई माला में सजाता है
न जाम उठाना ना मुजरे में बैठना
दरवेश कब कहिं हजारी लगाता है
कोई सूरत कभी ऐसी बनी नहीं
जो दमभरको कदम लड़खड़ाता है

16. ज़माना पूछेगा

ज़माना हम से पूछेगा
ज़माना तुम से पूछेगा
खता थी किसकी और
सजा दि किसने पूछेगा
ख़ुशी थी भरली दामन में
नाराजगी की वजह पूछेगा
कहीं तो दिल लगाना है
कोई ऐसी जगह पूछेगा
याद आना न याद करना
बहकने की वजह पूछेगा
दरिया की रफ़्तार न पूछो
समंदर का ठहराओ पूछेगा
झिलमिल तारों की क्या कहिये
आसमां में मेहताब पूछेगा
ये दुनिया उसी की है
जो उसका हाल पूछेगा

17. मस्ती का अंदाज

बागों में बहार और फूलों पे शबाब हो
मौसम-ए-निखार और बरसती फुहार हो
आसमां में रौनकों के मेले लगे बेशुमार
चांदनी में नहा लें और निन्दे नागवार हो
गलियों में घूम आने का बहाना चाहिए
हुस्न बेनक़ाब और हासिल-ए-दीदार हो
दरिया की मस्ती का अंदाज क्या बताएं
मौजों का उछालना और बिखराव हो
खुले आसमां में आज़ाद परिंदों की उड़ान
चहक मस्ती भरी और डाली पर कतार हो

18. तेरी बात

चौदवीं की रात और चाँद न हो तो तेरी ही बात होती
गुलशन रंगीन और बहार न हो तो तेरी ही बात होती
जश्ने दौर गर गुलज़ार न हो तो तेरी ही बात होती
मीणाबाजार औ साज सिंगार न हो तो तेरी ही बात होती
मयकदों के ठोर औ हमप्याले न हो तो तेरी ही बात होती
महफिले मौसिकी औ सुरों के दौर नहो तो तेरी बात होती
ये सकंगेमरमर औ ताजमहाल न हो तो तेरी बात होती

19. मेरी खता

मैं चाह कर भी बच न पाऊँगा सब मेरी खता हो जाएगी
अजब दस्तूर है ये जमाने का जो होनी सजा हो जाएगी
ये दस्तारों वाले बेख़ौफ़ ज़ुल्म करते रहें हर किसी पर
नज़र उठाना ज़ुल्म है ज़ुल्मे हरकत पे कज़ा हो जाएगी
अपनी तो बस इतनीसी दास्ताँ है ज़माने को सुनाने की
कब आएगी बहारों की बारी जो रंगीं फ़िज़ा हो जायेगी
रात बितेगी सहर आनी है आएगी सब्र रख ले नादान
जो रुखसार पे बरसेगी आफताब की दुआ हो जाएगी
कुदरत का यही उसूल है ये होना है होता हि रहेगा
जब जमीं उजलेगी हर दस्तओ दर पे शुआ हो जाएगी

20. दस्तूर

जो होना है वो होकर रहेगा
जो खोना है वो खोकर रहेगा
ज़िन्दगी तेरी मुस्कुराकर रहले
जिसे रोना है वो रो कर रहेगा
जिसका दामन दागदार होगा
अश्कों से दामन धोकर रहेगा
ज़िंदगी क्या है ये मंज़र देखले
जिसे सोना है वो सोकर रहेगा
यही दस्तूर है प्यारे ज़माने का
कोई हाकिम कोई नौकर रहेगा
ऑंखें या मयखाने जामो मीना से
इनायत होतो वाइज़ पीकर रहेगा

21. प्यार का अंदाज

साज़ो-श्रृंगार देखिये
नाज़ो-अंदाज़ देखिये
दो घड़ी पास बैठिये
इतना इसरार देखिये
ज़ुबां से कुछ न कहना
रूठने में प्यार देखिये
लबों से फूल झड़ते है
नज़र के वार देखिये
हरसू बेगुनाही उनकी
हमीं गुनहगार देखिये
हमसे है प्यार कितना
कहते हैं बेशुमार देखिये
कौन जाएं कहीं कैसे
रोके है दरोदिवार देखिये

22. नजाकत

गुलों की रंगत नज़ाकत देखिये कोई
गुजरे सामने जमाल और रोकिये कोई
किधर जाएँ देखने जमाने भर के नज़राने
नज़रों की सौगात बिखरा दीजिये कोई
झूमके महफ़िल का आगाज़ करने को
साक़िया ऐसा मुरका लीजिये कोई
तेरी महफ़िल से उठकर जाएँ कहाँ
इस हाल में नींद कैसे कीजिये कोई
जाम उठते है नशेमन आबाद रहते है
किसीसे क्यूँ कहे यहाँ पीजिये कोई

23. बहाना

उसको वादा निभाना चाहिये था
हमको पलभर सुहाना चाहिये था
कोई नादां हो तो क्या कीजियेगा
कोई बचने का बहाना चाहिए था
वादा करना और भूल जाना
हसीनों का मुस्कुराना चाहिए था
अबतो यकीं न होना लाज़मी है
लेकिन दिल दीवाना चाहिए था
बेकरारी हद से बढ जाए अगर
अपना मय-खाना चाहिए था

24. सिलसिला-ए-आशिकी

सिलसिला-ए-आशिकी बादस्तूर जारी रहना चाहिए
मौसम-ए-बहारा ताकाएनात तारी रहना चाहिए
जज़्बात समझे या न समझे कोई ग़म नहीं
अंदाज़-ए-गुफ्तगू बेज़ुबान सारी रहना चाहिए
वस्ल-ओ-हिज़्र बार बार बेहिसाब जारी रहे
जमाने की निगाहे ताकयामत हारी रहना चाहिए
रूठना मनाना अपनी जगह बेशुमार होने दो
हाया बेहिजाब तड़प-ओ-बेकरारी रहना चाहिए
निगाहों का निगाहों से टकराना धड़कने तेज़ होना
दिलों में ये ख्वाइश अक्सर हमारी रहना चाहिए
कोई अपना ग़म क्यूँ कहीं और जाएँ सुनाने
मगर सुनने की फुर्सत तुम्हारी रहना चाहिए

25. जिंदगी का पाठ

उल्फत की बाज़ी कौन हारा कौन जीता
नशेमन किसकी जानिब जाम रीता का रीता
चले हैं ज़िंदगी की दौड़ ठोकरों को मात कर
हमदम साथ हो तो वक्त खुशहाल बीता
वक्त की तालीम से बढ़कर क्या सीखना
जिंदगी जो पाठ पढ़ाये क्या कुरान-ओ-गीता
अपना दर्द अपना, अपनी होनी का हिसाब
अमीरे-शाह या फ़कीर मीरा हो या सीता
न साहिल की परवाह न गहराई का वास्ता
पार करने वाले का जोश जीतेगा आहिस्ता

26. रौनके बेहिसाब

बहार आती है और रंगो-बू बरसते है
मेहफिलें सजती हैं और सितार बजते है
जश्न होता है जब भी मौसमे मस्ती का
जमाने भर के सितम ढाने को सजते है
निगाहे-नाज़ से इक जाम पीला जालिम
और क्या चाहिए तेरे दीवाने मरते है
शामे रंगीन और राते पुरनूर होती है
ज़ेहन में पाजेब के घुंगरू छनकते है
खुदाई ख़ास और रौनके बेहिसाब हों
कोई है जो हमें राहे मंज़िल दिखते है

27. दर्द बदर

हमारा मुन्तशिर होना
तुम्हारा मुत्मइन होना
मिलेंगे इक जगह दोनों
जो दरिया समंदर होना
तुम्हारा जोभी तुम जानो
हमारा दर-बदर होना
तुम्हे अब याद हो न हो
दिन कटना सहर होना
नींद किस बला का नाम
किसको खबर होना
चलो अच्छा हुवा अपना
किसीकी तो नज़र होना

28. रूठना

वो गुमसुम सा चेहरा
उसपर हया का पेहरा
क़यामत और क्या होगी
जो उसने रूठना ठेहरा
उठेगी हमारी नज़र भी
गर हमने देखना ठेहरा
नशिसते उनकी खातिर
जिनका उठना बैठना ठेहरा
हमारा पुरसकूं होना
जो उसका झांकना ठहरा

29. गुनाह

कोई तुमसे खयाल हो जाये
कोई हमसे गुनाह हो जाये
देखने वाले कई मिल जायें
कोई तो हमपनाह हो जाए
सियासत के वार सह लेंगे
कोई तो हमसलाह हो जाये
क्युँ डर है अब अदालत से
कोई जो हमगावह हो जाए
नज़ारे देखने बाकी है और भी
कोई जो हमनीगाह हो जाए

30. शिरकत

ख्वाब देखे भी तो कैसे नींद भी तो चाहिए
कहीं जाएं भी तो कैसे राह भी तो चाहिए
उनकी बज़्म में आने का बहुत अरमान है
उनसे बुलावे-शिरकत आना भी तो चाहिए
हम तो आज़ाद परिंदे है आसमां उड़ने को
रोकने को हवाओं में दम भी तो चाहिए
अधूरे फ़साने को अंजाम तक लाने को
कोई नादान मुजाहिर होना भी तो चाहिए
कोई नवाज़िश न हसरत न हिमायत बाकी
मुंतज़िर ही क्या कुछ होना भी तो चाहिए
बाकी जो उम्र है गुजरेगी खुशगवार यूँही
खुशियों में हमारी असर होना भी तो चाहिए

31. पतझड़

बेवक्त अच्छे अच्छे भी छोड़ जाते है
पतझड़ में पेड़ पत्ते भी छोड़ जाते है
परिंदे घोंसले बनाते है बच्चो के लिए
जवां होते और बच्चे भी छोड़ जाते है
झूटों की शिकायत किसलिए कीजे
वक्त बेवक्त सच्चे भी छोड़ जाते है
जब डालीयां फलों से लदी होती है
बेवक्त आंधी में कच्चे भी छोड़ जाते है
ज़िन्दगी भर साथ निभाने की कस्मे है
साथ जुल्फों के गुच्छे भी छोड़ जाते है

32. जीने के जरिए

शफ़क़ धानुक मेहताब घटाए
फलक अब्र बारिश हवाएं
मौसम की खुशियां और हम
कलियाँ गुल गुलशन रंग-ओ-बू
तितलियाँ भँवरे परिन्दोकि चहक
माहौल की रौनक और हम
हया घूंघट चिलमन तेहज़ीब
शराफत मुस्कुराहट शाइस्तगी
ये दौलते जन्नत और हम
दरिया समंदर ताल-ओ-आबखाने
मौजे रवानी ज्वार-ओ-ढेहराव
ये आब या आबे-हयात और हम
सेहरा परबत जमीं जंगल
खेत-खलियान फलबाग औ सब्जा
जीने के सभी जरिये और हम

33. कैसे भुलाऊं

गर चाहूँ भूल जाऊ तुझे और कहीं दिल लगाऊं
चाहने पर कहाँ बस है मेरा तू बता कैसे भुलाउं
आँखों के आगे से गुजर जाए तो जान जाये
यही सोच तेरे कूचे में बैठा तेरी झलक ही पाऊं
जब तुहि नहीं बज़्मे जाना में कैसी ख़ुशी हो
हमारी महफिले में जान जो तेरी आमद सुनाउं
किसीको याद रखना किसीको भूल जाना
इक दिल है बेचारा कीतनी मन्नते मनवाऊँ
तेरा घूँघट उठाना बेकरारी का सबब है
घूँघट उठाके चिलमन में छुपजाना कैसे भुलाउं

34. राही

शोलों से न खारों से तीरों से न तलवारों से
कहाँ रुकते है राही कभी किन्ही दीवारों से
जमीर जिन्दा होता है उनका आजमाने में
जो मुश्किल घडी में खड़े रहते है मीनारों से
वो आते है जमीं पर कुछ कर गुजरने को
निशां उनके देख लो फलक पर सितारों से
न गुलों से न गुलशन से वो रंगोबू आती है
पसीना जब टपकता है इन बेक़रारों से
मन्ज़िले राह तकती है चिलमन परेशां है
वो आयें तो सजदे उतारें कहदें बहारों से

35. कैसे कहें

जमाने भर के फ़साने है कैसे कहे
किस किस के ख़्वाब सजाने है कैसे कहे
खुशियों की दौलत है अपनी जागीर
जेब खली और सपने लूटाने है कैसे कहे
इस दौरे सियासत में हम अकेले ही नहीं
और भी मारे किस्मत दीवाने है कैसे कहे
हर बात छुपाई जाये ऐसा भी नहीं
छुपाने के भी अपने बहाने है कैसे कहे
है और भी सितमगर लेकिन उनसे नहीं
सितम उनके हंस के उठाने है कैसे कहे

36. दायरा

जाने क्या बात है हर वक्त नशे में चूर होता है
सुनते है उसका अंदाज़ मालिके-हुज़ूर होता है
जिसके ख्वाबों को परिंदो के पर लगजाते है
उसके उड़|न का उड़ने का दायरा दूर होता है
अपना खयाल आप हर कोई करता है
कोई है जिसे बेखयाली का गुरूर होता है
न कोई ग़म न कोई जिल्लत मलाल हो
उसको बगैर नशे का सुरूर होता है
हर फर्द अपने दायरे में रहने में खुश है
वो न की किसी दायरे में मजबूर होता है

37. सरे आम

बात उजालों की उजालों में बोलते है
राज़ अंधेरो के क्यों कर के खोलते है
ख्वाबों में न आने की कोई वजह नहीं
वो भी गर यही बात जहन में घोलते है
बुझे बुझे से ख़यालों को जगाना जरूर है
ज़हन में जो बात रह जाये वही तोलते है
जमाना जानता है तो जान ले लेकिन
हमें जो कहना है सरे आम कहते है
नाराज़गी कैसी और किसीसे क्यों हो
अंधेरों से न डरते है उजालों में पलते है

38. किसका कसूर

ग़ालिब से पूछते हो क्युँ शेर पढ़ते हो
परिंदो से पूछोगे क्यों आसमां में उड़ते हो
वो जो समंदर नापने निकला है
उसको न पूछ कैसे लहरों से लड़ते हो
जो शम्मा रातभर रोशन रही उसकी
क्या बात करनी उसपर क्यों भड़कते हो
चांदनी रात है दामन सितारों से भर लो
एक जुगनू है उससे क्यों झगड़ते हो
गुलशन में बहार है गुल मेहक बिखेरे है
भंवरों का क्या कसूर है उनपर बिगड़ते हो

39. बात बाकी है

हम भी अपना फ़साना भरी बज़्म कह लेते
सुनाने को अभी तो रात बहुत बाकी है
ज़माने भर से आये है सुनने वाले
कहने को हमारे पास भी बात बहुत बाकि है
वो पहली मुलाक़ात अब तक भी याद है
क्या बताये अब भी ज़ज़्बात बहुत बाकी है
न हमको कोई मलाल होगा सुनाने में
दिल का बोझ उतरे ये हालत बहुत बाकि है
आगे की बात नाम लेकर कहनी होगी
रुसवा उनको करना नहीं ये बात बहुत बाकि है

40. रिझाने दो

हम युहीं सजाले अपने ग़रीब-खाने को
बहार आये न आये हमें लुभाने को
कोयल गाये ताऊस रक्स करे
और क्या चाहिए रिझाने को
तितलियाँ बाग में परिंदे आसमां पर
किस बात पे रोयें क्या बाकी बताने को
मेहफिल रंगीन हो जाए आ जाओ तुम भी
कौन सा राग छेड़े तुमको बुलाने को
तुम्हारे नाज़ न अब हमसे उठाये जायेंगे
हम भी रखते नहीं अपना दिल दुखाने को

41. यादें

किसी की याद का आना और हमारा बेज़ार हो जाना
ये कैसा आलम है जमाने भर का नाराज़ हो जाना
सौबार कोशिश करके हार है फिर भी भूले नहीं हैं
खुदाया कौन सा ऐसा हमें ये आज़ार हो जाना
ज़िंदगी अपने लिए वो दिन तो बस ख्वाब लगते है
जीलेते गर मंज़ूर होजाता हमें गुनहगार हो जाना
वो गलिया वो चौबारे जिन्हे मुश्किल था भुलाना
हमारे देखते ही देखते सबका बाजार हो जाना
परिंदो की आज़ाद उड़ने और जंगल के उसूल
हमको कहाँ मालूम गैरों का सरकार हो जाना

42. बचपन की मोहब्बत

वोजो मिलते नहीं दूर से मुस्कुराके गुजर जाते है
उनसे भी शिकायत नहीं वो खवाबो में तो आतेहै
गुड़ियों की शादी में जो लड पडते थे हमसे
अब वो सहेलियों की छेड़ पर नाराजगी जताते है
लोग उनको क़यामत की हुस्न परी कहते है
हम तो बचपन की मासूम सूरत पे मरे जाते है
नजदीकियां क्यों जवानी छीन लेती है
दौड़े आते थे जो, छुप के आंख भर देख जाते है
कब दोस्ती इश्कियाना हो गई मालूम नहीं
उम्र का ये भी हिसाब करना है क्या कर पाते है

43. पर्दा नशी

ऐ गुलबदन ऐ नूर-ए-जहाँ ऐ सिफ़ाते हुस्न ऐ ख़ूब-रू
तेरा ख़याल ही इतना हसीन तो तुझको क्या नाम दूं
कब तक छुपाके रख्खेगी ये हुस्नो-जमाल तू
उम्र ऐसे ही न गुज़र जाए रख इतना ख़याल तू
हमसे पर्दा किस बातका हमतो तेरे ही हमराज है
छुप जाओ किसी जगह और तुझको पुकार लू
जब हम ही न होंगे तो किस कामका ये हुस्न
आशकी अपनी मुकम्मल तो क्यों कर उधर लूँ
अब और ज्यादा क्या कहें ऐ हसीन पाकीज़ा
अपनी तो बस यही है चाह ना करे मलाल तू

44. मंजर

इस दिल को ठहरने का ठिकाना चाहिए
रहगुजर में कोई मन्ज़र सुहाना चाहिए
उम्र गुजारी है सफर में खोज जारी है
चलते रहने का कोई बहाना चाहिए
वोजो मिलजाए कहीं तो पूछ लूँ उनसे
कहाँ मिलना है कोई निशाना चाहिए
किसीको यूँ बेबस करने का सबब होगा
ये राज़ क्यूकर इस तरह छुपाना चाहिए
ये जो दिल है कहीं रुकता नहीं अबतो
उसे तो इक मंज़िल पर जाना चाहिए

45. इजाज़त हो तो

इक बात कहनी है तुमसे, इज़ाज़त हो तो कहुँ
कौन रहता है किस दिल में, इज़ाज़त हो तो कहुँ
बात कहनी कभी इतनी मुश्किल भी नहीं होती
जो ग़ालिब कह गए होते, इज़ाज़त हो तो कहुँ
शिकवे कैसे कैसे हैं कौन जाने किस तरह समझे
किसे है क्या है गिला हमसे, इज़ाज़त हो तो कहूँ
इश्क़ कहते है किसे बस ये समझने के लिए
उसका नाम गर हम लें, इज़ाज़त हो तो कहूँ
कौन करता है उसूलों की हिमायत इस कदर
वगरना हम कियुं कहते, इज़ाज़त हो तो कहुँ

46. शिकायत

मेरे ख्वाब अक्सर मुज़से सवाल करते है
कौन सा राज़ छुपा ते हो खयाल करते है
क्या बात थी जो हमसे बताये न बानी
नाम न आजाये लब पर कमाल करते है
जो तुमको शिकायत थी हमसे कहलेते
न बोल पाए कभी यही मलाल करते है
जब भी देखा तो बोलना ही भूल गए
बगैर देखे ही ऐसी मजाल करते है
वो है की कभी बाज़ न आये सताने से
हम है की हमेशा उनका खयाल करते है
जंग हो जाये ज़माने में तुमको क्या गम
या खुदा क्यूँ पैदा ऐसे जमाल करते है

47. कुर्बानियां

तिलों से तेल निकलता है तो मशाल जलती है
बगैर कुरबानी के भी कहीं कोई जंग चलती है
जिंदगी भर रुकावटो से जूझना ही होता लेकिन
बगैर मशक्कत के कोई चट्टान कभी हिलती है
इश्क़ में भी कितनी कुर्बानिया कैस ने दी है
फरहाद से पूछो कैसे नहरें निकलती है
आज़ादी का जश्न मनाने में कोई कमी न रहे
जालियांवाला बाग भगतसिंघ से कब भूलती है
इंदिरा-राजीव शहीद हुवे इसी आज़ादी में
बापू की कहानी में भी गोलिया बरसती है
और क्या क्या याद दिलाये उन गोलियों की
हमारे ज़हन में रह रह के अक्सर मचलती है

48. फिरका परस्ती

ढूंढ़ता हूँ उसे लेकिन वो मिलता नहीं कहीं
फिरका परस्तों की बस्ती में इंसा नहीं कहीं
न फूलों का कोई मजहब न खुशबु का कोई
गुलों के रंग-ओ-बू का फिरका नहीं कहीं
चाँद तारे और आफताब कैसे बांटोगे
इनजैसा एकनज़र मेहरबाँ नहीं कहीं
बादल बिजली न बारिश का कोई मजहब है
फिरकों को का अलगसे मौसम नहीं कहीं
जो बचपन में मिटटी में खेला किया हमने
उस मिट्टी का भी कोई मज़हब नहीं कहीं

49. कहानी

ये ज़िन्दगी भी अजब कहानी है
इसमें हम है, न राजा है न रानी है।
हमारा तारुफ़ इसमें क्या बताये
लबोंपे प्यास और आंखोंमे पानी है
जलते जाते है चराग सहर होने तक
इनको हासिल कहाँ दिनकी रवानी है
परिंदे दाना चुगते है बच्चो केलिए
जो उड़ जाते है दिए बगैर निशानी है
हमको लड़ते रहना है उनकी खातिर
जिनको हमारी ही झोपड़ी गिरनी है

50. कातिल गिरा

शायरी औ मौसिकी मिल जाये तो नग्मों की पैदाइश होती है
नगमा ओर रक़्स मिल जाये तो महफ़िल में कशिश होती है
रंग और खुशबु का मिलन अपना ही खुमार पैदा करे
गुलों का रंग-ओ-बू कितनों की बाइसे -तपिश होती है
हुस्न और हया की बड़ी ही कातिल गिरह बन जाये
बगैर तेगो खंजर के क़त्ल करना इनकी कोशिश होती है
रंग और रोशनी इक बार मिल जाये तो क्या कहने
तस्वीर ऐसी बने बेजान होके भी मिलने की ख्वाइश होती है
चाँद और सूरज के मिलने की घड़ी हर सुभओ-श्याम
नशे की दुनिया में सबसे बेहतरीन हशीश होती है

51. एक हद तक

हर खुशनुमा बात एक हद तक ख़ुशी देती है
ख़ुशी से दिल भर आये तो आँख नाम होती है
चांदनी रात में महताब नहीं आता कभी
चौदवीं की रात हो तो चांदनी भी सोती है
आसमान जब घटाओं से घिर आता है
मोर नाचता तो है पर मोरनी तो रोती है
मौसमों का भी अपना मिज़ाज है जहाँ में
हद से जियादा बारिश भी बेमज़ा होती है
शीरी चीजें औ शीरी बातें मज़ा तो देती है
लेकिन सेहत पर उलटा असर कर लेती है

52. समझकर चल

फासलों को नजदीकियां समझ कर चल
ख्वाईशों को मजबूरियां समझ कर चल
ख्वाब देख जीभर के लेकिन याद रहे
ख्वाबों की सच्चाइयां समझ कर चल
दूर तक रोशनी नज़र न आये ना सही
रोशनी की रंगीनियाँ समझ कर चल
दर्द का आलम रहता नहीं हर दम
दर्द को मर्ज़ की दवाइयां समझ कर चल
रहगुजर जितनीभी गुजरे नागवार
मंज़िलों की अच्छाइया समझ कर चल
जो गुजर गया उसका गुमा न कर
हरदिन नई कहानियां समझकर चल
कोई बोले न बोले तू मुस्कुराकर मिल
सबकी अपनी देनदारियां समझकर चल

53. कठपुतलियां

दारो दीवार पे लिख दो ये फरमान अब
किलकारियां छुप जायें आने वाला है तूफान अब
परिंदो घोसलों में लौट जाओ
घिर आया है अब्र से आसमान अब
खींचता है डोर वो हर कोई कठपुतली है यहाँ
कहीं नज़र नहीं आता कोई इनसान अब
ग़ालिब रहें कहीं और जाकर जहां कोइ न हो
अपना तो आबोदाना है वही मुसकान अब
हमारी यारियां और मेहफिले आबाद रहें
जिनकी वजह से सारि मुश्किलें आसान अब

अध्याय54

हमारे हाथ उठते है दुवाओ के लिए
तुम्हे सब देखते है अदाओ के लिए
कोई उलझन नहीं किसी बात की हमे
हम तो राह में बैठे है किताबों को लीये
कोई ले जाये हमसे सारी मजबूरियाँ
हम हारने को राजी है उन निगाहों के लिए
जाम-ओ-मीना को लाते तो बात बनजाति
हम इंतज़ार में बैठे है शराबों को लीये
वो चाँद सी सूरत पे नाज़ करते रहें
हम हैं आगोश में सितारों को लिए
कितना बेदर्द ज़माना है हसना भी जुर्म है
बहाना चाहिए कोईभी सजाओं के लिए
हमने ज़माने को कब उम्मीद से देखा है
हम तो जीते है अपने ही ख्वाबों के लिए

55. अभी बाकी है

जो तुम कह न पाए वो बात अभी बाकी है
वो बात सुनाने की हमें आस अभी बाकी है
कभी ख्वाबों में ही आ कर के कह लेते
इसी उम्मीदपे सो लेते की रात अभी बाकि है
तुम बेवफा तो कभी थे भी नहीं जिद न करो
किस बात पे रूठे हो जज्बात अभी बाकि है
मौसम तो आते जाते रहेंगे वाकिफ हो तुम
लेकिन वस्ल की बरसात अभी बाकि है
इश्क़ करते हो तुम भी हम जानते है
तुमसे उम्मीद की सौगात अभी बाकि है

56. किरदार

शराब सर चढ़ के बोलती है जाम का अपना ख़ुमार होता है
दवा भी असर न कर पाए ऐसा भी कोई बीमार होता है
ये हँसी ये ख़ुशी ये रौनके ये रंगीनिया ये महफिले
ज़िन्दगी जीने को और क्या क्या शुमार होता है
ग़मों के आशियानों में बिलाखेर आग लग जाती है
ज़िंदगीकी महफिल में जब ख़ुशी का दीदार होता है
खारों ही खताओं के लिए फूलों को सजा क्यूँ हो
जुर्म करने वाला ही तो सजा का हकदार होता है
ज़िन्दगी का सफर बस ऐसा ही खुशनुमा रहने दो
अपना सामान सम्भालों राही तो समझदार होता है
कैद खुली भी हो तो आखिर वो कैद ही होती है
आज़ाद परिंदों का भी अपना किरदार होता है
कितना भी दर्द दो कोई भी भूक हो कोई ग़म नहीं
अपने आप में हर फाका-कशी वफादार होता है

57. हिजाब

आज मौसम क्यूँ इतना दुश्वार हुवा जाता है
हद से ज्यादा नुमायाँ इंतज़ार हुवा जाता है
कभी जहाँ धुंवा ही धुंवा हुवा करता था
अब तो ये शहर भी अबदार हुवा जाता है
गुलों का हिज़ाब डाल नश्तर कर आये थे
उन्ही नश्तर का हमें एतबार हुवा जाता है
रफ्ता रफ्ता हमारी दूरियां बढ़ती रही
परिंदो उड़ाना हमें नागवार हुवा जाता है
जिसके आगे कभी ये सर नहीं झुकाया
उससे कुछ मांगना बेकार हुवा जाता है
जब आग हवाओ से लगी हो सारे शहर में
तब हवाओं के नाम लाचार हुवा जाता है
कैसे कोई बच जायेगा दाग-ए-आलम से
हाकिम ही जब यहाँ अय्यार हुवा जाता है

58. खलक खुदा का

मंज़िले दूर और ज़िन्दगी दुश्वार क्यूँ है
पाओं में छाले और राहों में खार क्यूँ है
माज़ी में जो हसीन ख्वाब आसान थे
हद्द-ए-नज़र में वो अब बेज़ार क्यूँ है
जिनको दुवाओं में रोज़ माँगा किये
उन लम्हों का आज भी इंतज़ार क्यों है
जिनकी नज़रों में लाल-ओ-गोहर थे कभी
उनके लिए आज हम नागवार क्यूँ है
कहीं से तो कोई रोशनी नज़र आए
ये बस्ती इतनी महरूम-ओ-लाचार क्यों है
गर ये ख़लक खुदा का यक़ीनन है
तो हुक़्म बादशाह का दुश्वार क्यों है
अब अगर चारागर ही मर्ग देने लगे
कोई बतलाये हमें ये आज़ार क्यों है

59. खिलौना

या रब मुज़को खिलौना न समझ ना खेल
वो ओर होंगे जो पत्थरों पे सर झुकाते है
हमको तो इस जहाँ में बहुतेरे काम है
उनको भी उठाना है जो सर नहीं उठाते है
दुनिया में इल्म की उनको भी गरज़ है
जो लिख के इबादत अपनों को मिटते है
हमने तो कभी नाम लिखा ही नहीं अपना
वो लिख के नाम अपना हम को गिरते है
जो दुनिया को चलाते हो तो देख लो यहाँ
कौन तेरे नाम पे क्या नाज़ उठाते है

60. शिकवा

न नज़रों से कहते ना जुबां बोलती
न दिल की कहे ना गिरह खोलती
न आंधी न तूफां ना बारिश ही थी
फिर कश्ती कहाँ पर रही डोलती
अपनी तो बस इतनीसी कहानी है
न हम बोलते न तुम बोलती
उम्र गुजर गई किससे शिकवा करे
बाकि यादे है जिनमें क्या तोलती

61. बेशकीमती खजाना

कभी हंसता नहीं कभी रोता नहीं
तेरा ख़याल मुझे यूं ही कभी होता नहीं
कभी बारिश में कभी तपती दोपहरी में
तेरी यादों के सायों में यूं ही सोता नहीं
उमर गुजरी यूंही यादों के सहारे अब तक
ये खजाना बेशकीमती है कोई खोता नहीं
जख्म दिल का कभी ना भर पाएगा
ये दाग जो दामन पे लगा है कभी धोता नहीं
ये फसल उमर भर की कटतीनहीं लगती
कट जाएगी एकबार तो फिर कोई बोता नहीं

62. जवान हो

अभी तो तुम जवान हो
सुबह सो कर जल्दी उठ जाते हो
खुली हवा में बाहर घूम भी आते हो
अपनी चाय भी खुद ही बना लेते हो
खबरे दुनिया की लेते जान हो
अभी तो तुम जवान हो
मौसम का मजा लेना तुम्हे आता है
ठन्डे पानी से नहाना तुम्हे भाता है
नहाते वक्त रूमानी गाने गुनगुनाते हो
बालों में कंघी कर खुद ही मुस्कुराते हो
शीशे की तुम पेहचान हो
अभी तो तुम जवान हो
दोस्तों की महफ़िल में शायरी सुनाते हो
मौके पे कुछ चुटकुले भी कह जाते हो
कॉलेज के किस्से भी निकल आये तो
कोन मरता था किस पर बताते हो
उम्र को क्या याद है मेहमान हो
अभी तो तुम जवान हो

9 798899 064982